Aragon

Hourra l'Oural

Poème

Préface d'Olivier Barbarant

STOCK

À Perez, Lauchin, Tailler, Moris, Boudin, Bureau,
Perdreaux, Scharbach, tombés les 9 et 12 février 1934
dans la lutte antifasciste

LE PETIT CHEVAL ET LA VICOMTESSE

« J'ai payé très cher le vertige soviétique, et je n'ai pas été le seul à pouvoir, à devoir le dire », note Aragon en 1975 dans la « préface morcelée » qui présente par lambeaux les circonstances de sa poésie des années 30. Citant plus loin l'encadré final d'*Hourra l'Oural* saluant le « parti bolchevik » et « son chef le camarade Staline », il poursuit : « Ô jeunes gens de 1975, aujourd'hui savez-vous ce qu'est le rire amer ? » La « postface à *l'Oural* », republiée dans ce volume, n'omet pas non plus les nécessaires relectures, et la distance prise avec la propagande : « Et dire que je le croyais. »

Voici donc un travail qu'Aragon dit avoir mené « à bien... ou à mal, je ne sais trop », un livre où le poète se reprochera aussi (« je ne *me* pardonne pas », souligne-t-il) à propos du texte « 30 avril 1918 », la « complaisance apportée à raconter l'extermination de la famille impériale ». Avec son titre provocant, son esthétique de poing levé, sa valse aux bétonneuses soviétiques, comment la clameur étranglée de 1934 peut-elle être à présent entendue ?

Document d'importance pour l'esthétique des années 30 comme pour l'écriture d'Aragon, le texte ne relève pas seulement de la caricature militante, mais aussi du poème régulièrement accompli. « Si / C'est cela ce que vous appelez la

Poésie », s'indignait d'avance, dans le poème noté /V/ du « Capital volant », une écriture plus subtile qu'on ne le pense d'ordinaire. Mais ces propos scandalisés sortent de la bouche fardée d'une « vicomtesse », s'adressant à un « sous-secrétaire des Beaux-Arts »... Livre conçu de travers, saisi par l'Histoire, agressif et déséquilibré, *Hourra l'Oural* a besoin de lecteurs qui ne soient ni le « petit cheval » candide du poème « 1932 » de « Magnitogorsk », qui « n'y comprend rien », ni de nouvelles et trop prévisibles vicomtesses.

Un premier malentendu consisterait à entendre le rappel du passé comme une dilution des problèmes, à s'imaginer qu'on prend pour atténuantes des circonstances dont il suffit qu'elles soient historiques.

Issu d'une esthétique en recherche qui préfigure un même passage des rêves à l'action en 1936 chez Paul Eluard ou chez Tristan Tzara, le livre n'a besoin que d'être remis en perspective. Il naît à la croisée d'une nouvelle poétique d'Aragon et d'une série de faits, dont chacun accentuera différemment la rédaction en cours.

Avec le poème « Front rouge », Aragon s'était lancé, en 1931, dans une poésie aussi systématiquement violente que délibérément politique. Le volume qui précède *Hourra l'Oural* dit assez par son titre, *Persécuté persécuteur,* la frénésie polémique sur laquelle il travaille alors, comme l'ambiguïté d'imprécations qui sont, depuis *La Grande Gaîté* de 1928, autant de cris lancés contre soi-même. Demeurent, du surréalisme, une rage, une *furor* même qui, passant désormais par le porte-voix du militant, produisent une série d'étranges lacérations, entre vitriol et meeting. Cette nouvelle façon d'écrire, et surtout de concevoir l'écriture, conduit Aragon à la rupture avec les surréalistes, en mars 1932.

Trois mois plus tard, il part pour un séjour soviétique, sur le sol de la femme aimée et de la Révolution, avec une vie à réinventer, une esthétique à construire et l'évidente envie de trouver, dans le pays qui s'édifie, les justifications de ses propres choix.

De juin 1932 à avril 1933, le séjour d'Aragon et d'Elsa Triolet n'est pas tout à fait comparable aux voyages à venir de l'intelligentsia occidentale, non plus qu'à ceux que le couple fera plus tard, la gloire conquise. Habitant et travaillant à Moscou — où Aragon est chargé du secrétariat pour l'édition française de la revue *La Littérature internationale* —, le couple, par son relatif anonymat et la maîtrise de la langue qu'a Elsa Triolet, connaît la vie quotidienne soviétique. Aragon n'en parlera qu'en 1956, dans *Le Roman inachevé* :

J'ai connu les entassements entre des murs jamais repeints
J'ai connu les appartements qu'on partage comme une faim
Comme un quignon de pain trouvé l'angine atroce des couloirs
Les punaises les paravents les cris et les mauvais vouloirs

De ces « souliers percés », de « l'ancienne odeur de choux », il ne demeure rien dans *Hourra l'Oural. Le Roman inachevé* permet aussi de comprendre cette apparente autocensure :

Comment trouver les mots pour exprimer cette chose poignante
Ce sentiment en moi dans la chair ancré qu'il pleuve ou qu'il
[vente
Que tout ce que je fais tout ce que je dis tout ce que je suis
Même de l'autre bout du monde aide ce peuple ou bien lui nuit

Loin de tiédir l'espérance, le partage des difficultés matérielles du peuple soviétique renforce le sentiment de solidarité, et donc de responsabilité de l'écrivain étranger. Sur les huit mois passés en URSS, les poèmes ne parleront que d'un court voyage, en août 1932, dans l'Oural de l'industrialisation forcenée — c'est-à-dire, paradoxalement, du moment touristique où Aragon pouvait être le plus sujet aux distorsions du regard, aux schématisations de la propagande.

Encore l'écriture n'en alla-t-elle pas de soi. En 1933, de retour à Paris, Aragon n'a pas encore « *inventé* ce qui serait le vers d'*Hourra l'Oural* ». Il rédige tardivement, en même temps que son premier roman réaliste (*Les Cloches de Bâle*), une suite de poèmes au titre incertain, le contrat d'octobre 1933 faisant figurer un jeu de mots balbutiant (« Oural Oural ») au lieu du plus lisible enthousiasme finalement retenu. Il a encore fallu les manifestations de février 1934 à Paris, la menace fasciste à l'étranger comme en France, pour qu'Aragon se décide à rassembler le recueil, afin de le dédier aux ouvriers tombés les 9 et 12 février sous les charges policières. Cette dédicace, dernier geste de confection de l'ouvrage, pèse de tout son poids sur la compréhension du texte aux yeux de son créateur. Du peuple soviétique au peuple de Paris, la célébration brandit un drapeau de révolte. Ni froid constat ni simple reportage lyrique, le cri lancé à l'Oural socialiste relève ainsi de l'invocation : les colères et espérances parisiennes résonnent jusqu'au cœur des montagnes asiatiques.

Contemporain des *Cloches de Bâle,* l'écrivain passant dès lors qu'il « bloquait » d'une rédaction à l'autre, le volume poétique souffre d'un même déséquilibre formel, et en définitive d'une même inégalité. Comparé au compte rendu qu'Aragon avait fourni à *L'Humanité* des 20 et 27 janvier 1933, sous le titre « Saison d'Asie », seul papier rescapé du « reportage » qu'on attendait du journaliste débutant, *Hourra l'Oural* paraît en effet singulièrement désordonné. Les noms de lieux, en faisant vibrer leur exotisme sonore (« Magnitogorsk », « Lisva », « Nadiejdinsk »), laissent croire à une distribution géographique, pourtant systématiquement battue en brèche par des reculs temporels allant dans chaque section de la Russie tsariste à 1932. Ce dispositif curieux, qu'Aragon se reproche peut-être à tort dans sa postface, produit un texte écartelé entre histoire et géographie — et peut-être entre plaisir et devoir.

On peut considérer comme figures imposées l'exaltation du « soleil des jours bolcheviks », l'appel à « l'idylle rouge de demain ». Il est bien certain que « la main à la pelle » n'aide pas toujours la main à la plume. Aragon tente ici un futurisme personnel valorisant le traitement des masses politiques, l'épopée insurrectionnelle et la poésie des machines, mais qui n'atteint pas nécessairement aux réussites de ses modèles. Traduisant en 1933 Rafael Alberti, Langston Hughes, Nicolas Asséev et surtout Maïakovski, dont l'ombre plane sur ce livre comme sur bien d'autres d'Aragon et d'Elsa Triolet, le poète faisait effectivement ses gammes, cherchait les moyens d'inscrire une exaltation qui ne sombrât pas dans la platitude ou la pesante niaiserie. Mais le langage « pensant/grossier/criard » revendiqué par le génie soviétique ne trouve pas sans incertitudes son équivalent français. Le fréquent appel aux vers comptés et à la rime, qui fait la nouveauté d'*Hourra l'Oural* dans la poésie d'Aragon (ce qui suffirait d'ailleurs à dire l'importance de ce livre), n'a pas toujours l'inventivité maïakovskienne, ni sa tragique énergie. Le pas gagné parfois achoppe — pourquoi le nier ? — à des ritournelles, des vers creux, des anaphores débilitantes. Le pari sur la voix sombre alors dans l'ornière d'un grotesque dont il n'est pas certain qu'il soit toujours volontaire, ni subtilement retors : « C'est ici le champ des pommes de terre de l'avenir »... Il est permis de se lasser aussi du fait que, poème après poème, la couleur rouge débouche systématiquement sur le déploiement d'un drapeau.

De ce point de vue, *Hourra l'Oural* demeure du moins un document sur l'évolution d'Aragon. Comme les commentaires rétrospectifs, les cinq années de silence poétique public qui suivent *Hourra l'Oural* autorisent toutes les critiques, puisqu'elles traduisent, sans doute aucun, l'insatisfaction du créateur. Mais c'est désormais à la lumière des octosyllabes et des coupes audacieuses de 1934 qu'il faudra relire *Le Crève-Cœur.* L'influence du travail accompli entre 1931 et 1934 se répercutera plus avant encore dans l'œuvre : avec son refrain mathématique, la « Ballade des vingt-sept suppliciés de Nadiejdinsk » (« Ils étaient vingt-sept partisans [...] et leurs yeux étaient de lumière ») préfigure les « Vingt et trois étrangers et nos frères pourtant » des « Strophes pour se souvenir » de 1955, dédiées au Groupe Manouchian. Pareillement, la « Valse du Tcheliabtraktrostroï », où « La musique devient une roue », joue bien le rôle d'intermédiaire entre une première « valse », désespérée et chaotique, dans *La Grande Gaîté,* et la fameuse « valse » virtuose des *Yeux d'Elsa.* La répétition, par huit fois sur un seul vers, du même monosyllabe (« et les enfants ouvrent des yeux / bleus bleus bleus bleus bleus bleus bleus bleus ») propose une poésie du balbutiement en une véritable répétition générale de l'hymne amoureux d'Aragon.

Le témoin médusé des usines en germination s'est ainsi essayé à une très singulière synthèse des poésies étrangères et militantes. Lyrisme de l'excès vocal, images grossies et grossières, didactisme délibéré réinterprètent les futuristes russes, tandis qu'explosent des morceaux de romances traditionnelles que le poète reprendra plus tard, et avec plus de souplesse, dans sa poésie de Résistance. Dans le grand creuset futuro-réaliste de 1934, l'inégalité de la voix est donc liée à son incertitude, c'est-à-dire le plus souvent à son invention. L'art à coups de hache et de « claques » calleuses sur « le flanc de l'avenir » suppose cependant une assurance et une brutalité qui ne répondent pas toujours aux sinueuses complexités aragoniennes. Encore une fois, nul « petit cheval » ignorant et courageux ne venait peupler de ses hésitations les labours étoilés de Maïakovski.

Les seuls moments, plus rares que ne le veut la légende, où le livre mente malgré lui ne sont pas par hasard ceux où le phrasé est en défaut : militant ou non, le poème demeure affaire de rythme. Mais à côté des comptines pédagogiques (« Combien vend-on le pain aux hommes / Neuf kopeks le kilo »), la rage et l'insolence forment en revanche d'excellentes conseillères. « Et toi la Gloire maintenant ta gueule », déclare la « Réponse aux jacobins » citant la « Marseillaise de Verdun / Marseillaise du Chemin des Dames ». Loin des clichés révolutionnaires, l'ancien combattant de 1914-1918 retrouve alors sa pleine voix pour cracher au visage des femmes « crevant les yeux de Communards sur le doux pavé de Versailles », des « maquereaux aux gants blancs qui sourient / à l'abri des chevaux et des gardes casqués ». Rappelant les « quatre ans de Marseillaise / les pieds dans la merde et la gueule en sang », Aragon ne prétend pas faire dans la délicatesse. Mais il ne s'agit plus de colorier de petites images d'Epinal à la gloire des camarades producteurs.

Ainsi fallait-il à l'ardeur poétique, fût-elle la plus sincère, non la chaleur d'une espérance, mais l'impulsion d'une colère. On comprend alors pourquoi Aragon remonte systématiquement en arrière, retrouve les temps tsaristes, et va même jusqu'à ouvrir l'apparente célébration des pionniers par l'apparition de « touristes dans l'air d'Oural », capitalistes en « haut-de-forme » et femmes « à l'épaule d'opale ». Le recul historique pervertit les carnets de voyage, renvoie le poète au monde qu'il sait le mieux vitupérer. Le fameux « Front Rouge » pareillement débutait non à l'usine, mais chez *Maxim's*, dans une avalanche de sarcasmes, parmi les précieuses pierreries.

Caricatures cinglantes et orchestration des chœurs fondent ainsi l'opéra fabuleux d'*Hourra l'Oural*. La polyphonie y règne en maîtresse, depuis le théâtre de voix de la section inaugurale (« Mais quoi donc Chut / Chut j'entends le son de nouveaux instruments ») jusqu'aux différents chants, de « 1905 » à « L'an quinze de la révolution » qui forment le finale ascendant du livre. Ephèbes, vicomtesses, diamants et montagnes, contremaîtres et tracteurs, tout alors prend la parole, retrouvant le principe du surréalisme aragonien qui attribuait un statut de locuteur à n'importe quel objet, voire n'importe quelle partie du corps. L'amateur d'Aragon entend ainsi, notamment dans la première section d'*Hourra l'Oural*, une théâtralité généralisée, une divagation de tonalités qui feront long feu dans l'œuvre, et où vocalisent déjà *Les Poètes* de 1960 ou l'ultime *Théâtre/Roman* de 1974. Un insolent coryphée (« Ici l'auteur vous abandonne ») organise la diversité des instruments, le chancellement de l'« opérette d'autrefois », dont on entend le refrain, dans une soudaine « musique du béton ». Fanfares et foires des voix renoncent ainsi à tout didactisme, et conquièrent dans l'art des ruptures, les sauts d'un violon ancien aux cymbales des machines, les moyens d'une intensité sans simplisme. Un spectacle total, fondé sur l'inconséquence et le mélange profanatoire des instruments (« Le drôle d'air ah le drôle d'air /

que la Marseillaise sur la balalaïka ») fait aussi du recueil un chef-d'œuvre de musique concrète, mêlant Pouchkine à Pierre Henry, la romance au concert de bruits.

Entre les lourdes litanies du « camarade Fideleiev » et la frénésie d'images des « Paroles en l'air », les poèmes palpitent, jouent clairement au jeu des montagnes russes, des sommets aux plus déroutantes retombées. Face à l'autre « haut parleur » de la Révolution qu'était Maïakovski, Aragon regagne ainsi en variété ce qu'il perdait en énergie ; il fait sauter sens et souffle dans ses retrouvailles avec l'insolence, avec la véritable liberté du virtuose. Devant le « géant enchaîné avec des clous d'usine », devant le « paysage » prométhéen de l'homme nouveau, il se pourrait que le poète français ait bien été semblable au « petit cheval » hérité de Paul Fort, peu à même, malgré sa bonne volonté, de saisir que « dans le mauvais temps » qu'il subit, « La technique / dans la période / de / reconstruction / décide / de / tout »...

C'est qu'Aragon n'a pas vu l'Oural ; il y a entendu l'écho de sa propre polyphonie. Un tohu-bohu génial circonscrit ainsi la propagande, un vacarme furieux sape d'avance la célébration. De peu de poids demeurent, face aux modernes stridences, la glorification du travail libérateur en pays socialiste, l'hymne poussif aux Stakhanov. L'art des ruptures dépasse de beaucoup les tentatives d'éloge. La scène révolutionnaire réduit à néant les vains efforts pour s'en tenir au paysage. S'en indignera qui voudra : ce que prouve la grande clameur d'*Hourra l'Oural*, c'est qu'Aragon n'a jamais vraiment su *adhérer*.

Olivier BARBARANT.

LE CAPITAL VOLANT

Poèmes des années soixante

I

DES TOURISTES DANS L'AIR D'OURAL

La mascarade au ciel d'orage un instant
s'arrête au bord d'un nuage en forme de charrette
À genoux dans les toiles d'étoiles un instant
les voyageuses de l'air se remettent aux lèvres
un pâle rouge évanoui Pour un instant
le goût du meurtre passe aux fantômes penchés sur les miroirs terrestres
Celui qui porte un haut-de-forme un instant
s'appuie à l'épaule d'opale d'une de ses compagnes
et les militaires de cendres regardent par-dessus les putains de fumée
cette région de lacs laissés aux monts blessés
par le retrait d'anciens glaciers des temps lunaires
Une région de lacs et de forêts
aux bossellements usés de la terre

Et comme un train qui la nuit brusquement
fait halte au fond d'un paysage sans bâtiments ni lumières
les passagers du ciel éprouvent tout à coup la peur devant
une région de lacs et de forêts

au seuil sans hommes du sommeil immense de la proche
Asie

Pour la première fois peut-être
au cœur du prêtre et du diplomate et de l'administrateur
des colonies
au cœur des hommes-trusts et des femmes-perles
au cœur-ventouse des beaux usuriers rieurs
au cœur de la nacre humaine à manucure
au cœur du luxe ambulant des nébuleux danseurs
au cœur d'argent des stars mécaniques
au cœur de banquise des banquiers
au cœur de fer des femmes pour
la première fois peut naître
le désir d'un pas sur une route
d'un rire au loin d'une chanson

Descendons un peu propose
un squelette aux yeux profonds
Et le cortège de nuées
se glisse et spirale à travers
les aiguilles noires des airs
tant que voici que du sol monte
une clarté de firmament

Attention Messieurs
dit une autre
le spectacle va commencer
Un peu plus bas que l'on entende
mieux Mesdames
À votre guise et donc encore

un peu plus bas que l'on descende
un peu plus bas Messieurs

Or
le bruit de la soie
cesse et la politesse
fait place à l'étonnement

Qu'est-ce
dit un bébé dont les dents d'or
luisent à mi-chemin de la lune

Qu'est-ce Et voici ce que répond
la voix qui vient de terre à ceux qui l'interrogent

II

L'OURAL PARLE

Donne donne donne donne
Nous sommes ceux qui donnons
les généreux dont les noms
sont cachés par les canons
et les généraux dont l'histoire s'étonne
        Donne
Il faut affranchir nos machines
Il faut affranchir la clarté
        Donne
Les équations du problème
éclipsent l'antique beauté
        Donne
Aux six paroles de Staline
L'écho six fois a répété
        Donne
Le bruit bondissant de l'enclume
double ce que l'homme a chanté
        Donne
Magnitogorsk jette à la flamme
le cœur noir du mont enchanté
        Donne

Plus une plume un brin plus même
un grain de notre or exporté
    Donne
Partisan Rouge prends les armes
nouvelles de l'habileté
    Donne
Pour que vive à jamais Lénine
Que le plan soit exécuté
    Donne
Maîtrise la technique Allume
le soleil de la qualité
    Donne

Donne donne donne donne
donne donne donne donc
Pour la Ré-vo-lu-ti-on
    Donne

III

PETIT DIALOGUE AHURI

Quel est ce cantique étrange
demande négligemment
une des belles nuageuses
qui prise un peu de neige et retire ses bagues

Un mouvement d'intérêt fait flotter le train volant des spectres
Je ne sais répond-on
Ce sont des chants bachkirs ou peut-être avons-nous
mal écouté Le vent
tourbillonnait Le ciel
est plein de parasites Ce sont
les illusions des nuits d'Oural
Ils parlaient de donner semble-t-il
Mais quel don
Mais quoi donc Chut
Chut j'entends le son de nouveaux instruments

IV

VALSE DU TCHELIABTRAKTROSTROÏ

C'est une valse ancienne
qui tournait pour les paresseux
Jadis on respirait à peine
quand les yeux
rencontraient
les yeux
Au son de la même rengaine
aujourd'hui l'étrange boston
ce qui tourne sans perdre haleine
c'est le mélangeur de béton*
Toute la ville ouvre ses grands yeux prolétariens sur la course insensée
Dans les fleurs un orchestre au milieu des rubans de paille
oublie et l'heure et le sujet de la soirée et le ciel noir

* À l'usine de tracteurs de Tcheliabinsk, pendant la construction de cette usine, plusieurs fois les brigades de bétonneurs ont organisé des soirées d'émulation socialiste au cours desquelles il s'agissait de remplir et vider le mélangeur de béton au lieu de 140 fois, comme c'est la normale d'une journée, 200 fois et plus. Une large assemblée assistait à ce spectacle qui se poursuivait au son d'un orchestre jouant des airs de danse et des chansons.

Une brigade arriva à fournir en une nuit le chiffre incroyable de 1 200 mélangeurs.

sur l'Europe et la sueur formidable au dos puissant des travailleurs
La brigade
avec la solennité que tout ceci comporte a promis
de donner trois fois sa journée en un soir
Les petits enfants au lieu de dormir sont venus
voir

L'orchestre reprend la romance
qui grisait le monde aboli
Dans mes bras Madame Ô démence
Démon que vous êtes joli
Au cœur même de la cadence
qu'est-ce qui bat comme un tambour
C'est cependant la même danse
mais ce n'est plus le même amour

Celui qui vient de son village
et qui ne sait rien que les champs durs à la pioche et le long l'interminable hiver
au premier rang s'étonne et rit sans comprendre et peut-être
prend peur devant la passion dont les flammes
mordent la fleur immense des mille regards
Celui qui vient de son village au premier rang se pose
toutes les questions de la philosophie
qui sont comme les poux sur la tête humaine tournée
vers les constellations
Les camarades
pour la centième fois chargent le mélangeur

Le mélangeur broie et ruisselle
Et l'opérette d'autrefois

avec sa chanson qui chancelle
accompagne l'heure et sa voix
Brassant la pierre et l'étincelle
le monstre verse aux spectateurs
comme une ivresse universelle
le champagne de ses dompteurs

Cent cinquante et
un La brigade
fait voler les cailloux La brigade
court La brigade
lance à la bête un repas qui n'a pas de fin
Je me souviens des courses de taureaux quand la mante
rouge passait devant le mufle du danger sur une pirouette
de l'homme vêtu de soie et d'or et de miroirs
Ici dans le hall inachevé dont les fenêtres
font entrer tout le ciel au foyer du nouveau théâtre
il pend aussi Cent quatre
vingt six il pend Quatre
vingt douze un chiffon rouge mais
ce n'est pas le sang qui soulève la foule
Deux cents
La musique devient une roue
La musique
perd son sens ancien Le béton
coule
Les chiffres sans
arrêt tombent de la boule
tournante et la bouche
publique reforme à demi-voix le nombre à demi vrai

Quel est le secret de la ronde
qui mène le diable et son train

Quel est le secret de ce monde
où le travail n'a pas de frein
Comme l'enthousiasme inonde
son incompréhensible cœur
L'avenir ici qui se fonde
a la vertu d'une liqueur

Tcheliabinsk
Ancien bagne de briques cité
de fonctionnaires d'uniformes de férocité Tcheliabinsk
où la légende accroche au mur d'une prison tant d'histoires
que ton ciel semble être une guenille étoilée et ta
rivière une larme de bolchevik
Tcheliabinsk est-ce
bien toi ce
soir qui regarde se
battre l'homme et le béton
Comme il est loin le salon de Madame
la femme du Gouverneur où l'on
parlait littérature tandis que l'on
flirtait que l'on
trichait aux cartes Allons
nous coucher Mais non
Un jeune officier va nous jouer du violon
Vous savez bien *Les sanglots longs* Tcheliabinsk
a l'habitude et voici que nous dansons
C'est une valse Attention
à vos éperons capitaine
C'est une valse de Vienne

Camarades le passé craque
au creux puissant de vos pas

Emportons la vieille baraque
dans les camions de nos bras
Le canon contre nous se braque
Mais malgré les feux et les fers
le ciel des riches se détraque
et leur soleil marche à l'envers

Quatre cents cinq cents six cents sept
cents mélangeurs crachés dans le délire Où sommes-nous
C'est le pays de la violence et des yeux bleus
L'intelligence énorme des genoux
plie à chaque pelletée
sous l'effort révolutionnaire des bétonneurs
C'est le pays du léninisme la main à la pelle
qui répond à l'appel de l'avenir cinq ans d'avance
C'est le léninisme la pelle à la main le léninisme
sur la brèche du siècle prenant
tout l'élan de la pioche et qui rit
sans essuyer son front splendide
et sans rejeter ses cheveux
à la terre docile et dure
à la nature fantasque et folle
aux hommes encore incertains
qui rit à l'électricité
sa fille esclave son enfant
le léninisme au corps de flammes
aux pieds d'acier
aux mains de chair
Mille la machine a par mille
fois vidé son ventre tournant
ainsi qu'une loterie agile
au gré d'un éternel gagnant

Tous les ouvriers de la ville
debout criant hagards heureux
comme une casquette inutile
jettent le nombre mille aux cieux

V

ENCORE DES PAROLES EN L'AIR

La vicomtesse prit une pose ensorcelante et dit
au sous-secrétaire des Beaux-Arts Si
c'est cela ce que vous appelez la Poésie
Tout ceci se passait dans le ciel de l'Oural
où des gens chics faisaient on ne sait pas pourquoi
du camping
Le sous-secrétaire ulcéré se récria Je suppose
que vous savez pourtant que j'aime Albert Samain
Verlaine et Valéry Je déteste la prose
et je faisais des vers lorsque j'étais gamin

Des aigles frôlaient le pied des dames
Il y avait des météores qui s'arrêtaient dans la nuit s'émerveillant
de l'ingéniosité des faces-à-main
Du monde comme il faut décidément
soupira la Grande-Ourse habituée à des dompteurs
Tout cela grignotait des nuages
et se nourrissait d'éclairs
Ma chère
cria dans son monocle
un fantôme de velours blanc

regardez donc ce qui se passe
C'est troublant
c'est tout à fait troublant
Simplement sous leurs pieds la terre
s'était mise à se souvenir
L'Oural rêvait

car l'Oural rêve
lui aussi de temps en temps

VI

ZLATOOUST

Le paysage alpestre est à l'idylle
Un lac suspendu surplombe la ville de bois blond
dont les copeaux bouclent dans la verdure
et les sapins sont peints presque noirs sur le ciel
La ville un gros village et la vallée
avale une usine avec
un son de forge qui répond aux cloches de l'église
toute blanche
en pierre
élégante élevée
hellénique
élancée
ailée Alleluia
l'église comme une colline
l'église comme une comtesse
l'église comme une
laitue
au-dessus des champignons de bois
comme un fromage blanc au-dessus des croûtes de pain
comme une merveille au-dessus de la vie au bord
de l'eau de la terre et de l'eau du ciel
au-dessus de l'usine usine du ciel

Devant l'église la statue
d'Alexandre II l'Émancipateur
rappelle à tous la fin du servage
et les débuts
de la civilisation moderne

Après seize heures de travail
dit le contremaître allemand
il vous faut un peu d'idéal

Le contremaître
à la maison lit Werther
et sa fille est une demoiselle
Elle
chante et son père au piano l'accompagne
Elles ont donc coupé 10 % du pain pour le Seigneur
Elles ont mis 10 % d'eau dans la soupe
10 % du lait que tète l'Enfant Jésus
10 % du temps pour le Saint-Esprit

10 % bon Dieu de bon Dieu
pour le bon Dieu
10 % des hommes se sont mis à jurer
10 % des gosses à mourir
10 % des nuits à se ronger les ongles
10 % 10 %

100 % des ouvriers sans armes
s'en sont venus
dire à l'Éternel qu'ils trouvaient
ça cher
10 % des salaires
pour sanctifier leur travail

La foule avance en loques
avec ses pieds de paille et ses yeux d'enfants
La peur perce les rideaux des fenêtres
Les employés pieux se cachent dans les caves
Les dames aux oratoires prennent
une posture expiatrice
Le pope n'y comprend plus rien
10 % des salaires
abandonnés pour l'édification du Saint-Lieu pendant
quatre ans
Les regards du Tout-Puissant se posent avec complaisance
sur Zlatooust Songez
un ouvrier un simple ouvrier forgeron
abandonner 10 % d'un salaire
qui fait à peine vivre ses enfants Quelle beauté
morale

10 % des salaires
Les bons patrons
les yeux mouillés de pleurs
portent à Dieu
de grands bouquets de fleurs

10 % des salaires
Le soir après dîner dans la bibliothèque
auprès d'un lévrier d'Afrique et d'un grand feu
les bronzes entendaient parler religion

10 % des salaires
Dans les baraques
la nouvelle a fait tomber des mains des femmes
les aiguilles
10 % les pourceaux

10 % 10 % Les misérables
refusent à Dieu son
argent

Une grève Parmi les contremaîtres
règne la consternation
La foule avance les mains vides
et ne demande que du pain
Où donc est la beauté morale
il n'est question que du pain
Une grève
Une grève dans une usine de guerre Debout
sur la porte de l'Arsenal le
gouverneur pâle râle et plein
de mépris fait un signe de la main
Feu

La grande gifle jaune et rouge
barre l'air de ses doigts sanglants
Un ouvrier tombe
Deux ouvriers tombent
Un troisième tombe
En voici dix à la renverse
Regarde Christ à 10 %
Un autre les bras en croix
tombe
il tombe des juifs et des musulmans
il tombe des matérialistes
il tombe même des chrétiens
C'est une neige rouge qui
tombe tombe tombe tombe
Il en est tombé tant et tant

qu'on n'a creusé rien qu'une tombe
au pied du tzar libérateur

Le paysage est à l'idylle
L'église est blanche et le mont vert
et la fille du contremaître
au loin chante un air de Schubert

Le chien qui flaire la piste
lève la patte où ça sent
la pisse En mil neuf cent
trois le douze mars ancien style
le gouverneur Bogdanovitch
agite son mouchoir derrière les rideaux
de la même peur sur la même place et les fusils
une nouvelle fois fleurissent comme des capucines
45 morts et 83 blessés
Les petites maisons sous l'orage
ont plié l'épaule et le sang
le soir
à chaque théière au-dessous de chaque toit
revenait dans chaque breuvage avec la brûlure de l'eau
Ils ont bu la vengeance dans la soucoupe
les Soviets de Mai 1905

Ô semailles
C'est ici le champ de pommes de terre de l'avenir
Les têtes tombent au panier des sillons
avec leurs rêves leurs plaisirs
la pourpre de leur révolte et les simples fleurs de la vie

Ô semailles
le couteau qui creuse la poitrine du sol

se prépare pour d'autres labours pour d'autres
seins doux et blancs ceux-là
comme l'Église

Ô semailles
étranges semailles du printemps qui porterez
vos fruits seulement
pour le treizième retour de l'automne
Vos marteaux désormais Forgerons
sont fiancés aux faucilles d'Octobre
Le paysage est à l'idylle
l'idylle rouge de demain
Nous avons préparé les noces
L'église sonne le tocsin
Les beaux cadeaux
Que de dentelles
de chants de fleurs et de gâteaux
Pour ne pas parler des armes
dont leur arsenal était plein

Nous avons préparé les noces
L'église a peur au petit jour
Voici se former le cortège
Les Messieurs s'en vont par le train
d'autres à pied d'autres s'enferment
Le cortège le cortège va passer
Allons allons les morts en tête
et les vivants à leur côté

Un télégramme de Lénine
nous est arrivé ce matin

VII

VAINS REGRETS D'UN TEMPS DISPARU

Effrayant
bégaye un éphèbe
à son voisin le barbu
Ces miséreux les misérables
et nous n'avons pas encore tout vu
Que de splendeurs et que de fastes
dont j'attends en vain le retour
le luxe enfui la cour les fêtes
les beaux chevaux l'impératrice
les bolcheviks qu'en ont-ils fait

Une horreur confesse son interlocuteur
Et maintenant voici la foule
qui s'étale ignoblement
Ses mains sales sur les palais
de malachite Ses mains sales sur les
coupoles d'or des églises Ses mains sales
sur les meubles l'argenterie et le linge fin des princesses
Ses mains ses mains sales sur les petits corps des malheureuses grandes-duchesses

Calmez-vous mais c'est une horreur
gémit son interlocuteur

Savez-vous qu'avec des icônes
ils ont fait des niches à chien
Savez-vous qu'ils Mais je m'étrangle
en songeant à ces gens de rien
qui traînent leur veste à leur aise
sans distinguer le tien du mien
dans le marbre et dans le porphyre
et dans le lapis-lazuli

Le lapis est le pis concède
avec horreur son interlocuteur

Tournez vos yeux mon très cher
et vénérable ami vers
le sanglant Ekaterinenbourg
C'est là qu'ils ont dans une cave
fait un cadavre avec un tzar
et la tzarine et ses petits onze personnes
en tout

Onze frissonne avec horreur
son sensible interlocuteur
Quand on pense à l'air de bonté
de ce grand et puissant monarque
Vous l'auriez pris pour la marque
même de la stupidité
n'eût été que Sa Majesté
faisait de l'effet dans un parc
avec sa garde à son côté

Ekaterinenbourg dit l'autre
N'est-ce pas que c'est par ici

C'est ce fourré d'échafaudages
Là-bas Non plus loin Là-bas Lorsqu'
on vous aura dit qu'aujourd'hui
cela prend le nom de Sverdlovsk
d'après un Sverdlov ouvrier
du cru forçat que sais-je émeutier bandit juif
un bolchevik comme les autres
un assassin

Taisez-vous Qu'est-ce
qui vous prend Monsieur et cher interlocuteur
Regardez là Près de la gare
reconnaissez-vous l'empereur

Ici l'orchestre du Château Caucasien de la rue Pigalle joue « Les Deux Grenadiers ».

Mais nous revivons ma parole
le trente avril mil neuf cent
dix-huit quand
près d'Ekaterinenbourg débarquent
sensation
les voyageurs

VIII

30 AVRIL 1918

Ils avaient bonne mine en descendant du train
Nicolas Deux tenait à la main son petit
plaid
écossais saucisson d'empire
Alexandra très sobre au chapeau près peut-être un peu
prétentieusement orné d'une perle
serrait sa
cassette où les cadeaux de Ra-
spoutine je vous prie
icônerie
avariées
et variées
faisaient avec le flacon de sels bon ménage
Et Maria suivait sans savoir ô ciel Princesse si
elle avait emporté son savon
ou non
Nicolas marinait dans le petit froid sec
L'histoire se marrait sur le toit des wagons
-salons
Nicolas marronnait ferme parce que
l'impérial dîner allait encore être en

retard de deux heures deux pour la deux-
ième fois en deux jours
Livraison d'Altesses à une halte Est-ce
bien la peine de faire des façons
On avait oublié l'étiquette FRAGILE
sur l'aigle à barbe et sa smala
Oh lala Nicolas
Le colis dans d'autres mains passe
Oh lala Nicolas
Nicolas a la colique et colère
Nicolas
Nicolas mélancolique
pense-t-il à la
longue file des morts au morfil des années
pense-t-il à
la morgue de son règne à la
lamentation d'orgue des monts d'Oural à
la clameur des mines où meurt
l'amer remords d'hier
et le sang sur le sein des meneurs
caillé comme un émail
et la marque du pied des pogromes sur
le miel des jeunes fronts où Marx bouclait
déjà quand le meurtre au milieu du meeting
a mis sur l'innocence une main militaire
Ô mil
neuf cent
cinq
Tzar
Tzar
Tzar
Tzar
L'heure sonne où le seigle au blé
l'ours à l'aigle vient demander ses comptes

Tzar — Tzar — Tzar — Tzar
Mil — Neuf — Cent — Cinq
sort de l'ombre à ta rencontre
Tzar

Au nom des Soviets de l'Oural Nicolas
Romanov
Voici les quatre Commissaires du destin

IX

JOURNAL DU DIAMANT
(FRAGMENTS)

Nous autres diamants
nous ne sommes pas des perles
Les hystériques le vinaigre les fait s'évanouir
Je n'ai peur ni des dents des hommes ni des dents
du vitriol

. . . .

Ce soir-là dans la petite maison blanche
la femme qui me portait à son cou
son mari l'appelait Alix les autres Majesté
avait ses nerfs
comme une perle
prenait des gouttes odorantes
agitait un mouchoir de dentelles
tripotait des médailles
et sursautait
quand son fils un grand garçon pâle avait
le hoquet
Les autres jouaient au bésigue
Imaginez-vous ce qu'un diamant pense du bésigue
On avait reçu des lettres
Des amis de nos gens allaient venir
Tout allait changer par le monde

On recommencerait à marcher sur les mains
Aussi ne dormait-on plus guère
qu'habillés des bijoux dans les doublures
et de petites images de la Vierge entre les seins

Le jeune navet
avait
le hoquet
Finis donc dit l'impératrice
. . . .
Quand ils furent tous dans la cave
je vis que le photographe
allait prendre un groupe et les uns
se mettaient à l'écart avec
une fausse discrétion

Un peu plus à droite
Citoyenne
dit le chef de peloton
Personne n'a l'air naturel
J'aime les portraits de famille
à cause de leur froideur
Avec intérêt je guette
l'éclat blanc du magnésium
Ça me connaît pensez donc les flammes
Ça me connaît pensez donc les roses
Ne quittez surtout pas la pose
Ne bougeons plus Ne bougeons plus

Et plus jamais ils ne bougèrent
. . . .
Je dois dire que c'est agréable

un luxe pas de tous les jours
un grand bain de vitriol
Continuation des manœuvres photographiques
Autour de moi se dissout l'empire
à tout jamais
avec la chair des faux martyrs
avec les os des louveteaux
avec les yeux des faux dieux
avec leurs ongles
avec leurs langues
avec leurs cheveux et leur sang
à tout jamais
à tout jamais
l'empire et l'ombre
à tout jamais le passé noir
et dans le bain de feu liquide
je me sens seul plus froid plus pur
je ne crains pas le vitriol
moi
le diamant sans monture
Joyeux comme un feu qui s'élève
dehors dans la neige en hiver
je n'ai jamais brillé sur les tzarines
comme ce soir aux mains des ouvriers
qui m'ont pris non comme une bague
mais comme un soleil à jeter
Comme un poisson d'argent qu'on relance à la mer
ils m'ont rendu ce soir à ma mère la terre
la terre au cœur de charbon
avec les vestiges brûlés de l'empire
dans les mines
Me voici libre libre comme les pierres des champs

Les gardes rouges vers la ville
s'éloignent
et je m'enfonce enfin
aux ténèbres sans rois où je m'en irai dire
l'éclat des jours nouveaux aux monstres souterrains

X

JE DONNE CONGÉ AUX PATRONS

Les touristes du vent s'intéressent à la lanterne magique
Curiosités de vampires
Sur le sofa de brume les couples se déforment
Le spectacle leur fait revenir à la bouche
le passé

J'avais du cuivre dans l'Oural
raconte un élégant vieillard
à sa compagne au rire de champagne
Mon cher murmure-t-elle avec des yeux d'immortelle
Vous savez ce que c'est les présentations
Je ne sais même pas comment on vous appelle
Urqhardt dit cet homme
et ce nom
sonne comme un coup de canon
à l'oreille de l'Oural
Urqhardt
répète l'horizon
Urqhardt
Et le voleur de cuivre évoque pour le vent
les cymbales
et pour le ventre

les balles
Urqhardt

C'est le patron de Karabache
qu'on n'a pas tué par hasard
Dans l'Oural il avait du cuivre
Il vit en Angleterre à présent
L'Angleterre est un pays libre
pour les gens de ce genre-là

Pour eux il y fait bon vivre
Comme au coin d'un bois
autrefois

Au diable fantômes bourgeois
qui lassez le ciel de vos voix
Je ne suis pas de votre monde
Ailleurs poursuivez votre ronde

Retournez aux salles de jeux
Ô personnages nuageux
dont le retour est monotone

Ici l'auteur vous abandonne

MAGNITOGORSK

I

VINGTIÈME SIÈCLE

Le vent et la terre s'épousent
aux confins du ciel et des champs
Le vent et la terre se battent
où meurent les cris et les chants

Voici l'étendue infertile
la nudité sans fin ni corps
Voici la poussière immense
où meurt le souvenir des morts

L'orage à genoux sur la terre
joue avec l'herbe et les torrents
L'orage bat des mains quand croule
une hutte aux cris déchirants

Un grelottement de musique
monte au ciel comme une vapeur
Un grelottement révèle
l'homme en proie à l'ombre et la peur

II

1929

Gora Atache
La vieille terre l'imprudente
a laissé négligemment
traîner ses bijoux noirs sur son sein ravagé
Le fer affleure au flanc de la solitude
L'aimant luit dans la rosée
On dit
qu'au temps des mers continentales
une île ici comme aux récits de la Perse
où Schéhérazade endort un sultan
attirait les navires
leur arrachait les clous
On dit
que c'est l'enfer ici qui tend son poing de fer
On dit
que c'est le cœur électrique des nuits
que c'est le piège d'ombre où le vent vient se prendre
l'appel des ténèbres vers les oiseaux
le tombeau des divinités éphémères
On dit on dit encore
que c'est la prunelle du silence
mais quand le minéralogiste

se penche sur la pierre qu'en
dit-il le minéralogiste

Gora Atache
Sur un cheval minuscule
un homme vêtu d'un long manteau vert rêve
pareil aux anciens chevaucheurs de mondes
au temps des migrations des peuples
petits jaunes et bruns
Il ne sait pas changer le grain sombre du sol
en lave
en feu liquide
en fonte
en acier
Le sabot du cheval foule inutilement la terre
où les mouches les fleurs et le temps
dansent du printemps à l'automne
L'homme
rêve dans son manteau vert
ou pourpre
ou bleu
ocre ou tellement
passé que ce n'est plus l'homme mais
le manteau qui rêve
au-dessous du mont inutile
et riche à millions au milieu du désert
Gora Atache
Au-delà
de ton azur commence la Sibérie
Au-delà
de ton front commence le désespoir
Au-delà
de tes trésors c'est la dévastation qui commence

Le fleuve Oural qui sépare l'Europe de l'immense
désert des démons légers des légendes
lèche ton pied de métal
Entre le ciel et toi c'est une conversation de miroirs

Comme vous êtes tranquilles monstres
stupides
qui n'entendez pas le pas
soviétique venir vers vous pour illustrer
le mot de Marx touchant l'univers

Il s'agit
maintenant de le transformer

III

HYMNE

Ils ont rendu l'homme à la terre
Ils ont dit Vous mangerez tous
Et vous mangerez tous

Ils ont jeté le ciel à terre
Ils ont dit Les dieux périront
Et les dieux périront

Ils ont mis en chantier la terre
Ils ont dit le temps sera beau
Et le temps sera beau

Ils ont fait un trou dans la terre
Ils ont dit Le feu jaillira
Et le feu jaillira

Parlant aux maîtres de la terre
Ils ont dit Vous succomberez
Et vous succomberez

Ils ont pris dans leurs mains la terre
Ils ont dit Le noir sera blanc
Et le noir sera blanc

Gloire sur la terre et les terres
au soleil des jours bolcheviks
Et gloire aux Bolcheviks

IV

1930

Dans de petites maisons de terre noire vit
la taupe humaine
Dans de petites maisons de terre noire rit
l'enfant aux yeux bridés
Dans de petites maisons de terre noire dort
la femme au cœur enfumé
Dans de petites maisons de terre noire est mort
un jour de plus

Un jour de plus dans de petites maisons de terre noire
Un jour de plus à l'ombre de l'église ou de la mosquée
Un jour de plus à coudre aux jours défunts comme les
pièces
de monnaie au gilet des femmes d'ici
si belles immobiles et parées
et sur une pièce il y a l'image
de François-Joseph ou de Pierre le Grand
Citoyenne a demandé l'agitateur
connais-tu les traits de Lénine
Elle a secoué la tête et montré ses pièces d'argent
qui retiennent un peu de lumière au fond
des petites maisons de terre noire

L'agitateur un camarade des jeunesses
au crépuscule du village
raconte d'un seul trait la légende moderne

Marx Octobre et Lénine
la prise du Palais d'Hiver
les commissaires de Bakou
Koltchak et sa sœur la famine
et tout à coup et tout à coup
il dit ce que c'est que la fonte
il dit ce que c'est que le monde
il dit ce que cela sera
Magnitogorsk Magnitogorsk
Entendez-vous Magnitogorsk

À ses pieds les petits enfants nus se traînent dans la terre noire
Un jour de plus un jour de plus dans les petites maisons de terre noire
un jour de plus

V

1932

Le petit cheval n'y comprend rien
Qu'est-ce que c'est que ces caissons
ces arbres de fer ces chars ces chansons
qui sortent de sortes
de fleurs suspendues
Et rien ne sert de trotter Les mots de métal
volent
le long de la route au vent malicieux des poteaux télégraphiques
Le petit cheval n'y comprend rien de rien

Le petit cheval n'y comprend rien
Le paysage est un géant enchaîné avec des clous d'usines
Le paysage s'est pris les collines dans un filet de baraquements
Le paysage a mis des colliers de fumées
Le paysage a plus d'échafaudages qu'un jour d'été
n'a de mouches
Le paysage est à genoux dans le socialisme
et l'électricité
étire ses doigts fins du ciel à la poussière
Le petit cheval n'y comprend rien

Personne ne dort dans ces maisons d'hommes
Ça siffle partout comme après un chien
et des léopards de feu se détachent au passage des wagonnets
le long du combiné des sous-produits chimiques
Tonnerre du minerai tombant aux concasseuses
Tonnerre du rire des hauts fourneaux
Tonnerre d'applaudissements des eaux du barrage
au numéro d'un clown inconnu qui crache du fer

Le petit cheval n'y comprend rien
Il y a des mouchoirs
rouges avec des mots blancs
tendus au travers du ciel des routes
ou noués à des machines
ou comme des biftecks à la gueule des bâtiments
Il y a des conseils d'hygiène jusqu'
au fond de la nuit du charbon
Il y a
de l'idéologie en pagaille au déballez-moi-ça des monts

Le petit cheval n'y comprend rien
De grands types circulent entre les épaules de la terre
et sous leurs mains calleuses familièrement
claque le flanc de l'avenir
De grands types qui lisent au voyant des édifices publics
les chiffres mystérieux de la fonte et du coke produits chaque jour
De grands types
pour qui le ciel et la montagne
se résument le soir dans un accordéon

Ah mon amour ah mon amour allons au cirque
où fait de la voltige un Italien
qui s'est sauvé de chez Mussolini dans les soutes
d'un vapeur rouge dont le Vésuve a salué longtemps le départ
et puis nous remonterons vers la ville socialiste
à laquelle il manque encore ses balcons
entendre ce qu'ont à dire de la poésie
les membres de la brigade Maxime Gorki
Quand on pense que le blooming n'a pas encore son poète
Le petit cheval n'y comprend rien

Sur un sein de la ville un monde fou s'agite
Les femmes de par ici ont des yeux si noirs qu'on s'y noierait
Les échoppes ont l'air de femmes bien aimées
Un phonographe rose a seul des larmes dans la voix
près de la tente des consultations vétérinaires
Des grappes de souliers pendent à des poutrelles
plus incroyables aux regards bachkirs que les automobiles
ou pour toi que *l'Anti-Dühring* à l'éventaire du bouquiniste
Le petit cheval n'y comprend rien

Au fait que disait-elle au début de ce poème
la voix aérienne qui saute à mesure qu'on s'en va
d'un pavillon vers l'autre et qui reprend l'antienne
sans laquelle un quelque chose assurément manque au panorama
Et les mots s'égrenaient s'engrenaient à la fresque
immense
où dans un coin Détail un mammouth forgeron
regarde avec tendresse un tout petit Lénine en plâtre

Le petit cheval n'y comprend rien

Tu n'y comprends rien petit cheval
Est-ce que tu ne détestes pas à tes heures
le fouet et le goût qu'il donne à ton foin
Est-ce que tu n'as pas vu dans les villages
des hommes avoir faim près des vierges en or
Petit cheval ne presse pas ta course écoute
petit cheval les mots radiophoniques qui sont
la clé de ce rébus d'Oural écoute
Petit cheval écoute bien

La
technique
dans la période
de reconstruction
décide
de
tout

Petit cheval petit cheval comprends-moi bien

VI

LES AMANTS DE MAGNITOGORSK

Magnitogorsk
La nuit est belle
Magnitogorsk
Est-ce toi

Magnitogorsk
Et si c'est elle
Magnitogorsk
Est-ce moi

Tout le ciel est à la jeunesse
et la jeunesse à l'avenir
L'avenir à chaque instant presse
le présent d'être un souvenir

Magnitogorsk
La nuit est belle
Magnitogorsk
Est-ce toi

Magnitogorsk
Et si c'est elle
Magnitogorsk
Est-ce moi

Mais la jeunesse que nous sommes
marche avec l'étoile à son front
non dans le ciel des anciens hommes
mais sur la terre sans patrons

Magnitogorsk
La nuit est belle
Magnitogorsk
Est-ce toi

Magnitogorsk
Et si c'est elle
Magnitogorsk
Est-ce moi

Servant jadis de la machine
dans l'univers où l'ouvrier
change la montagne en colline
il est le cerveau de l'acier

Magnitogorsk
La nuit est belle
Magnitogorsk
Est-ce toi

Magnitogorsk
Et si c'est elle
Magnitogorsk
Est-ce moi

Chantons les nouvelles romances
d'une nouvelle passion
en gardant les travaux immenses
nés de la Révolution

Magnitogorsk
La nuit est belle
Magnitogorsk
Est-ce toi

Magnitogorsk
Et si c'est elle
Magnitogorsk
Est-ce moi

C'est le printemps de notre classe
dont la fête est au premier Mai
Si je meurs qu'on me brûle et passe
car c'est la flamme que j'aimais

Magnitogorsk
La nuit est belle
Magnitogorsk
Est-ce toi

Magnitogorsk
Et si c'est elle
Magnitogorsk
Est-ce moi

Mort je n'ai nul besoin de larmes
Prends notre enfant et mon fusil
Si retentit l'appel aux armes
Camarade femme vas-y

Magnitogorsk
La nuit est belle
Magnitogorsk
    Est-ce toi

Magnitogorsk
Oui c'est bien elle
Magnitogorsk
  Et c'est moi

VII

LES FLÂNEURS

Camarade Fideleiv n'as-tu pas honte de ta mine
Camarade Fideleiev fous-les donc en l'air tes outils
Camarade Fideleiev n'es-tu pas le maître du monde
Camarade Fideleiev n'as-tu pas abattu tes tzars
Camarade Fideleiev ne faut-il pas que l'homme flâne
Camarade Fideleiev tu cours pour arriver à l'heure
Camarade Fideleiev viens nous irons dans la campagne
avec des copains des belles filles et des instruments
avec l'alcool blanc de la coopérative
qui saoule il faut le reconnaître
un peu moins méchamment que celui des contrebandiers du chemin de fer
Camarade Fideleiev tu ne réponds pas

Camarade Fideleiev au nom du printemps et des fleurs
Camarade Fideleiev au nom des chansons et des danses
Camarade Fideleiev au nom de l'avoine et du vent
Camarade Fideleiev on se battra dans les collines
Camarade Fideleiev on s'attrapera par les pieds
Camarade Fideleiev nous nous ferons tous des grimaces
Camarade Fideleiev tu sais si bien tout imiter
l'âne le cochon la femme enceinte et le petit canard

le contremaître qui ne sait plus ce qu'il fait de son double-décimètre l'ingénieur et madame
et casser ta bouteille pop pop quand elle ne contient plus la plus petite goutte
Camarade Fideleiev tu ne réponds pas

Camarade Fideleiev pourquoi travailler comme un fou
Camarade Fideleiev tu n'as déjà plus de jeunesse
Camarade Fideleiev ta femme est morte l'autre été
Camarade Fideleiev il n'est plus de patron qui tienne
Camarade Fideleiev encore des réunions
Camarade Fideleiev laisse donc là leur politique
Camarade Fideleiev ne vois-tu pas qu'ils font de toi
un esclave une bête de somme avec leurs plans leurs contre-plans
leurs contrats d'émulation socialiste
leurs systèmes de talons pour les ouvriers de choc
et le drapeau rouge à la meilleure brigade c'est la tienne à ce qu'il paraît
Camarade Fideleiev tu ne réponds pas

Le camarade Fideleiev a sur ses joues
la longue rigole d'anciennes larmes
Le camarade Fideleiev tient le drapeau
qu'il a gagné dans l'éclair des Martins
Le camarade Fideleiev se souvient
d'Octobre des jours de Wrangel de Lénine
un soir parlant dans une petite gare
au marchepied d'un wagon
Il se souvient de sa femme qui n'avait
jamais tout à fait pu se passer de l'église
et sourit et parle et voici

Car il vient maintenant d'apprendre à lire
et peut écrire même un peu
ce qu'il répond
le camarade Fideleiev

VIII

CE QUE RÉPOND LE CAMARADE FIDELEIEV

Ce qu'il y a de merveilleux
Ouvrez braves gens les oreilles
ce qu'il y a de merveilleux
Ouvrez braves gens vos grands yeux

C'est que le travail ne soit plus
dans le monde socialiste
c'est que le travail ne soit plus
une honte un poids comme il fut

Il est une affaire d'honneur
et de vaillance et d'héroïsme
Il est une affaire d'honneur
de gloire pour le travailleur

N'écoutez pas les paresseux
Vous qui restez partisans rouges
n'écoutez pas les paresseux
Les blancs aujourd'hui ce sont eux

Dans la mine ou devant de four
c'est toujours la guerre civile
Dans la mine ou devant le four
Octobre renaît chaque jour

Ricanez bourgeois au sang bleu
en regardant mon drapeau rouge
ricanez bourgeois au sang bleu
ricanez mais regardez-le

La fonte qu'ici nous faisons
n'est pas seulement de la fonte
La fonte qu'ici nous faisons
c'est une clé pour vos prisons

Nous travaillons en même temps
pour tous les travailleurs du monde
Nous travaillons en même temps
pour Shangai et Ménilmontant

LISVA

★

CHANSON POUR LE SOVKHOZE

Le blé qui joue avec le vent
est né de la terre et des hommes
Combien vend combien vend
combien vend-on la terre aux hommes

En France on vend l'homme et le vent
est aux patrons non pas aux hommes
Combien vend combien vend
combien vend-on la vie aux hommes

Comme des moulins à vent
qui s'arrêtent chôment les hommes
Combien vend combien vend
combien vend-on la faim aux hommes

Sovkhoze ici souffle le vent
de Lénine pour tous les hommes
Combien vend combien vend
combien vend-on le pain aux hommes

Neuf kopeks le kilo
Sept kopeks pour la farine
Deux kopeks pour le boulanger*

* En voir le commentaire en page 101.

NADIEJDINSK

I

1895

Deux chemins sont nés dans l'année
l'un de fer l'autre de pieds nus
Chanson des hommes inconnus
à l'ombre d'une cheminée

Nadiejdinsky Zavod L'usine
sort de la terre avec les fleurs
Le printemps rit sur nos douleurs
Le ciel avec tes yeux voisine

Les longs soirs d'août laissent des astres
tomber on ne sait pas comment
tout doucement tout doucement
comme des yeux dans des désastres

La grande affaire c'est la flamme
La forge comme nous a faim
Les nuits sans dormir sont sans fin
L'ombre attend l'homme avec la femme

Au dernier jour de la semaine
tes yeux se ferment mon ami
Avec son cortège blêmi
le matin machinal s'amène

La mort est là qui te regarde
pour voir si tu t'endormiras
Aux serpents rouges dans tes bras
ô dompteur accablé prends garde

L'été fini voici l'automne
l'hiver n'aime pas les pieds nus
Des enfants nous étaient venus
sans rien demander à personne

Ô monde qui tourne ô manège
Mais à la caisse les patrons
vivent de l'air dont nous mourons
La neige la neige la neige

II

FIN DE SIÈCLE

Il y en a d'enfuis dans la campagne
des ouvriers qui n'en pouvaient plus d'étirer
les soupirs brûlants des longs rails
Il y en a qui sont partis par-dessus les collines
qui rêvent aux seins des femmes kirghizes
Il y en a qui sont morts dans les bois avec les loups
tandis que des bras nus de l'usine sortaient
kilomètre après kilomètre
des flèches d'acier pour le cœur de la Sibérie

Ô trains quand vous pesez
sur la cent mille et unième traverse
pensez-vous aux lueurs des Martins
alors que le siècle s'achève dans un grand bruit de métal
et que les ours s'étonnent autour de Nadiejdinsk
du cortège de fer qui s'en va vers l'Orient
Ô trains rappelez-vous sur les ballasts de l'Asie
l'homme qui a perdu un bras en 1895
l'homme qui a perdu les deux mains en 1896
l'homme qui a perdu la vie en 1897
Quel homme quel homme Ils sont cent

ils sont mille à gémir au sabre des virages
dans les bras désolés du Transsibérien

Un jour un étudiant arrive et son bagage est léger
mais il veut fonder un théâtre
et l'on jouera des pièces le dimanche
Bezroukov est son nom à ce qu'il paraît
Un étudiant répète à la femme de l'ingénieur de la tôlerie
la femme de l'ingénieur des hauts fourneaux
Camarade Bezroukov comment dansaient-ils
les métallurgistes
Comment chantaient-ils quand tu battais la mesure
Comment riaient-ils quand il le fallait
Comment savaient-ils pencher dans la comédie
la tête sentimentale du patron représenté
qui dit à une demoiselle des paroles d'amour
en ramassant un mouchoir de dentelle
Camarade Bezroukov oubliaient-ils la forge au théâtre
oubliaient-ils la nuit aux chandelles du jeu

Ô mystère de la baraque mal rafistolée
où les aventures d'un petit propriétaire de la campagne
avec la fille d'un commissaire
tiennent en haleine un peuple d'enfants aux poings de fer
Ivan ne sait pas bien son rôle et le souffleur
en vain s'époumone
Petit pigeon de mon cœur
ne prends pas un air moqueur
La lune est notre complice
Sur l'étang notre barque glisse
glisse glisse
glisse mais les mots sont noués dans les cheveux
de l'acteur forgeron comme des rubans sur une montagne

Camarade Bezroukov
Vous ne lui avez donc pas appris la suite à
Ivan

Une phrase une seule phrase de feu danse dans
sa tête frisée
une phrase

Prolétaires de tous les pays unissez-vous

III

LES ORATEURS

Ceux qui viennent parler de Perm
et ceux d'Ekaterinenbourg

Aux autres le ciel On vous laisse
l'enfer
Bon pour ceux qui vont à la messe
l'enfer
Voulez-vous qu'un jour cela cesse
l'enfer
et votre vie ouvriers qu'est-ce

Ceux qui viennent parler de Perm
et ceux d'Ekaterinenbourg

Mais les patrons ont leur fortune
à faire
Ton corps ta force ne sont qu'une
affaire
Étudie aujourd'hui comme une
affaire
les plans futurs de ta Commune

Ceux qui viennent parler de Perm
et ceux d'Ekaterinenbourg

Le monde où tu vis a des bases
de fer
Avec ton marteau tu l'écrases
le fer
Est-ce qu'il écoute les phrases
le fer
qui te coupe quand tu te rases

Tous les meneurs qu'on les enferme
Pope à toi de prêcher l'amour

Mieux vaut douceur que violence
Qu'y faire
Ô patience patience
Que faire
Tissez l'étoffe du silence
Que faire
si ce n'est souffrir sa souffrance

Mais d'autres sont venus de Perm
d'autres d'Ekaterinenbourg

IV

1905

Un feu nouveau brûle au fond des cokeries
brille sous la fumée au cœur des mille fours à charbon de bois
Un feu nouveau court dans les laminoirs
et les grands apprentis saisissent dans leurs pinces
le rail rouge comme un drapeau

On s'est mis à marcher à travers la bourgade
en criant des mots inconnus jusque-là
avec des chansons des pancartes
avec des accordéons et des balalaïkas
On connaissait bien la maison du directeur
avec ses plantes des pays lointains son poêle de faïence
et sur la terrasse les invités autour du samovar
Mais on n'avait jamais encore songé venir
tous ensemble avec la misère dans la bouche
parler à cet homme dont la femme est en taffetas

On a commencé les démonstrations les grèves
On sait ce que ça veut dire à présent
quand à la porte de l'usine
un camarade s'avance avec les deux bras levés

Il est vrai que ceux du village
il est vrai que ceux de l'église
ne comprennent pas encore le langage des mécaniciens

On a commencé la bataille
et il y a eu des morts aux mines de Bogaslovsk
et les chenapans sont venus à travers les récoltes
jusqu'à l'atelier des réparations
avec des couteaux des fusils des images de la Vierge
et Dieu sauve le tzar
et le Pope Afrikan

Voilà déjà quatre ans que l'étudiant Bezroukov
a dû s'enfuir abandonnant son théâtre
et un petit abrégé du *Capital* On ne sait pas
où maintenant il fait le souffleur d'une pièce
immense appelée
Révolution
mais la semence a levé Nadiejdinsk écoute
Dobrinine expliquant de la scène
la Constitution que Nicolas II donne à son
peuple
et ceux qui n'ont pas encore déchiré les ténèbres
font des signes de croix et baisent la terre
Dieu sauve le tzar
Et le Pope Afrikan pour les ouvriers aux yeux célestes
dans le charbon des visages dira
la messe
afin que ceux qui sont tombés dans la neige
à Petersbourg devant le Palais d'Hiver le 9 janvier
prennent place aux retables des cathédrales
près des gendarmes et des rois aux cheveux d'or

Qu'allons-nous faire disent les gaziers
Qu'allons-nous faire disent les électriciens
les charbonniers les forgerons et ceux de l'atelier mécanique
Un conseil Dobrinine ils sont tous à prier

Comme les diacres chantaient le cortège est passé devant l'église
et tous sont sortis pour entendre l'autre chanson
Les pancartes dansaient sur les têtes
Les accordéons couraient après les balalaïkas
LIBERTÉ
ÉGALITÉ
FRATERNITÉ
Ce sont des cris et des menaces
Mais rien ne peut empêcher la foule de grossir

Alors
comme un tableau suit un autre au théâtre
un nouvel écriteau surgit face aux Cent-Noirs
À BAS LA MONARCHIE
On le suit aussi sans comprendre
un mot si difficile et qu'on n'a jamais entendu

Cela veut dire à bas les moines
Monarchie est un mot savant qu'ils ont trouvé
les meneurs dans les Universités
pour désigner les monastères où l'on prie
pour le peuple où de saints hommes ont fait vœu
de pauvreté

Mais la foule suit aussi ce mot-là malgré
qu'il se crie avec peine

malgré le Pope Afrikan qui gesticule
et les Cent-Noirs et les femmes qui se sont signées
parce qu'on ne veut plus de moines et de moineries
parce qu'un linge rouge a été déplié

Nous ne voulons plus là-bas de cette guerre
avec le mikado
Le vent qui souffle apporte l'odeur d'Odessa
l'odeur de la poudre et des bateaux
Les ouvriers ont pris hier aux patrons les usines
à Motovilika
Nous sommes les maîtres et qu'on le dise
nous ne voulons plus de cette guerre
avec le mikado
et Petersbourg et les Soviets d'usines
nous font de partout de grands signes avec des fusils
et nous ne voulons plus de cette guerre
avec le mikado

Il a raison il a raison
Nous ne voulons plus de cette guerre
avec le mikado
Répète-le bien à ceux qui sont plus loin
Camarade Dobrinine qu'ils l'entendent
bien Nous ne voulons plus de cette guerre
avec le mikado
Le drôle d'air ah le drôle d'air
que la Marseillaise sur la Balalaïka

V

RÉPONSE AUX JACOBINS

Allons enfants
de
la
Mais je vous demande un peu ce que patrie a
à voir avec ce grand partage du monde
entre quelques-uns et l'énorme troupeau dépossédé
qui chante en russe d'ailleurs ici
Debout peuple travailleur *Le jour de GLOIRE*
est t-a rri vé
Et toi la Gloire maintenant ta gueule
Il s'agit bien de la gloire au coin des rues
quand la mitrailleuse attaque
Tac tac
le trottoir
quand il s'agit de ma peau de la tienne
d'avoir
la leur parce qu'il n'y a pas de patience qui tienne
et qu'il faut être les plus forts nous les fauchés
et la faux passe et nous en mordrons
l'acier avec nos dents et nous arracherons
les servants de la pièce et nous retournerons
la mort sur la mort et leur chanson sur les chanteurs

Allons enfants
Où en étais-je
Contre nous de la tyrannie
l'étendard
sanglant est levé
Ah quel dommage ah quel dommage véritablement
que tyrannie ait le nez grec
un pied de moins par-dessus le marché
que cette démocratie
dont aussi
L'étendard — ard sanglant — est levé
Entendez-vous dans nos campagnes
mugir ces féroces soldats
Et dans nos villes donc
et dans leurs villes
Les voyez-vous les flics les bourres les gardes mobiles
et les fils à papa qui ont très longuement appris
à jouer de la matraque et du revolver en pensant aux grévistes
les voyez-vous dans les faubourgs
les voyez-vous dans la cour des usines
sur les ponts aux nœuds stratégiques de Paris
aux bouches de colère du métro partout
les hommes à nerf de bœuf du Capital
qui veillent à ce qu'il n'y ait ni scandale ni révolte
dans le bordel où le Prolétariat doit se vendre comme une putain
Les voyez-vous les maquereaux aux gants blancs qui sourient
à l'abri des chevaux et des gardes casqués
Ils viennent jusque dans nos bras
égorger nos fils et nos compagnes
Souviens-toi de soixante et onze

et du parapluie hystérique de leurs femmes
crevant les yeux des Communards sur le doux pavé de Versailles
et l'entrée à travers l'ouest complice des soudards
Paris comme une claie immense et les charniers
de Mai pourrissant sous la clameur du meurtre et de l'ivresse
et l'hallali qui sonne au Père-
Lachaise
La tombe est prête et l'enfant tombe
sur sa mère C'est encore
la Marseillaise
la Marseillaise avec les soldats de Fourmies
la Marseillaise avec ceux de Draveil
la Marseillaise aux colonies
la Marseillaise du Comité des Forges
la Marseillaise de la Social-Démocratie
la Marseillaise la Marseillaise
Chapeau bas Ta casquette toi pendant qu'on joue
la Marseillaise
Aux orties
d'ailleurs ta casquette mets ce casque
et prends ce fusil
Histoire de t'apprendre à vivre
quatre ans de Marseillaise avec
les pieds dans la merde et la gueule en sang
Marseillaise de Charleroi
Marseillaise des Dardanelles
Marseillaise de Verdun
Marseillaise du Chemin des Dames

Je salue ici
ceux qui se mutinèrent au Chemin des Dames

en mil neuf cent dix-sept
Je salue ici
ceux qui surgirent de la boue avec
à la bouche un grand cri
et tournèrent
leurs armes du côté de la Marseillaise

Et ceux qui dirent Feu
sur eux
sont encore de ce monde

Je salue ici
les ouvrières de Saint-Étienne qui se sont couchées
en travers des rails pour arrêter les trains
porteurs d'hommes et d'obus cahotants de chants et de cocardes
et que les trains écrasèrent
Je salue ici
le Prolétariat contre la guerre
pour la transformation de la guerre
en Révolution
Je salue ici
l'Internationale contre la Marseillaise
Cède le pas ô Marseillaise
à l'Internationale car voici
l'automne de tes jours voici
l'Octobre où sombrent tes derniers accents

Aux armes Citoyens
Qui parle Des généraux des marchands la police
Formez vos bataillons
Nous vous connaissons gendarmes
Marchons marchons eh bien qu'ils marchent

Nous les attendons Camarades
Vous êtes tous des ouvriers des paysans des travailleurs
C'est contre vous c'est contre nous qu'ils vont qu'ils marchent
Soyons unis Comment auraient-ils assez de balles pour nous tous
Et nous pouvons prendre les arsenaux et les armureries
Soyons unis dans l'action pas de pitié
Ils reviendront toujours plus forts Vous souvient-il
comment ils ont tué Sabatier
Soyons unis les voilà Que chantent-ils les vaches

Qu'un sang impur
abreuve nos sillons

On va bien voir lequel est le plus rouge
du sang du bourgeois ou du sang de l'ouvrier

Debout
peuple travailleur
Debout
les damnés de la terre

VI

BALLADE DES VINGT-SEPT SUPPLICIÉS DE NADIEJDINSK

D'Arkhangelsk à la mer d'Aral
avec ses bandits et ses princes
Koltchak le sanglant amiral
s'est rendu maître de l'Oural

Viasemsky son lieutenant
a fait aujourd'hui bonne chasse
Tant de morts tant de blessés tant
qu'à moins même on serait content

C'étaient des jeunes et des vieux
mais tous étaient partisans rouges
À Nadiejdinsk vingt-sept d'entre eux
pris à faire le coup de feu

On prépare un grand déploiement
histoire de faire un exemple
et de passer un bon moment
Il n'y en a pas tellement

Mais lorsqu'il leur fallut mourir
jeunes ou vieux hommes et femmes
on n'entendit pas un soupir
Ils regardaient vers l'avenir

Ils étaient vingt-sept partisans
que l'on pendit l'un près de l'autre
soldats ouvriers paysans
Le plus jeune avait quatorze ans

Le souffle qui bougeait les corps
ne gémissait pas des prières
Ô vous qui fabriquez des morts
vous ne serez pas les plus forts

Déjà le sang sur vos couteaux
est un présage de la rouille
La tombe vous dit à bientôt
La balle rêve à vos manteaux

Ils étaient vingt-sept bien vivants
et leurs yeux étaient de lumière
Leurs cheveux comme auparavant
parlent du ciel avec le vent

L'appel terrible des pendus
a rallié les camarades
Les blancs se sont sentis perdus
et les corbeaux les ont mordus

Adieu ciel noir jours étouffants
Koltchak n'est plus voici Lénine
Les soldats rouges triomphants
parlent dans la rue aux enfants

Ils leur disent d'apprendre mieux
et la technique et les machines
et les enfants ouvrent des yeux
bleus bleus bleus bleus bleus bleus bleus bleus

VII

L'AN QUINZE DE LA RÉVOLUTION

Et comme nous sortions ce soir-là de l'usine
devant le magasin d'affiches où l'on vend
de la réclame contre les accidents du travail
de la réclame contre la flânerie
et de la réclame pour l'élevage des lapins
l'ingénieur pencha la tête
à la façon de l'acteur en 1900 dans cette pièce de théâtre
qu'avait mise en scène l'étudiant Bezroukov
tout en lisant aux ouvriers Marx et Engels
l'ingénieur pencha la tête comme s'il
allait parler d'amour et dit

La mécanisation des Martins est maintenant chose faite
le perçage de la fonte sera bientôt mécanisé
Le chargement des hauts fourneaux de même
On mécanisera les wagonnets
On a déjà commencé de mécaniser la fonderie
Qu'est-ce qu'on ne mécaniserait pas
Un jour viendra sans doute
où la main d'un petit enfant pourra diriger
ce qui demandait un peuple de métallurgistes

Un jour viendra sans doute

Et dans le ciel de six heures il y avait
un grand écriteau rouge où l'on lisait

Salut au Parti Bolchevik V K P (b) et à son chef le camarade Staline

POSTFACE À L'OURAL

(1975)

Ce *poème*, écrit en 1933-1934, alors que le voyage est de 1932, s'est substitué au « reportage » qu'on attendait de moi, au lendemain de cette virée aux confins de l'Asie. Je donnerai, après lui, le seul morceau rescapé dudit reportage paru dans *L'Humanité* des vendredis 20 et 27 janvier 1933. On pourra rapprocher ce compte rendu de la saison théâtrale de ce morceau d'*Hourra l'Oural* qui est intitulé *Valse du Tcheliabtraktrostroï*.

L'usine de construction de tracteurs dont il est question ici possède dans un jardin deux théâtres. *La Valse* décrite est un spectacle constitué par un concours d'émulation pour la production de béton au Théâtre d'Hiver. Mais la séance de fabrication des casseroles et des tabourets dont on trouvera description dans l'article de *L'Humanité* du 27 janvier 1933 se passe dans le Théâtre d'Été et nous y avons assisté en septembre. Il s'agit en fait d'un spectacle donné pour lier aux ouvriers de Tcheliabinsk les kolkhoziens qui viennent de la campagne écouler leurs produits au grand marché de cette ville.

Mais il me semble, avec plus de quarante ans de recul, que le paysage d'Oural a tout de même perdu à passer de la prose initiale à cette versification du souvenir. Je pense que le lecteur de ces livres-ci est déjà habitué à l'esprit critique avec lequel je semble faire « l'éducation » de mes écrits, ainsi qu'un père des enfants qu'il se trouve avoir engendrés au hasard de ses plaisirs.

Au fond, si je désirais que vous ne vous trouviez pas devant l'Oural comme « le petit cheval » devant Magnitogorsk et Fernand Léger en 1934 ainsi qu'on a pu le voir dans ce collage, plus haut reproduit, et qui a, sur cette roue d'apparences et de couleurs, la photo des *Dolly Sisters*... peut-être aurait-il fallu, renonçant à la marche « historique » du poème, dont je me trouve avoir parlé avec quelque sévérité (dans le Livre V de cette collection, pages 551-552, au 4e fragment de la *Préface Morcelée*) comme je le faisais de *Front Rouge*, peut-être aurait-il fallu recomposer *Hourra l'Oural* tout en entier en récit de voyage, et suivre ainsi le « petit cheval » que j'étais sans doute d'étape en étape, dans l'ordre de notre voyage, s'étonnant des spectacles qui s'offraient à lui, de ville en ville, ou plutôt de chantier en chantier.

En ce cas, il aurait fallu commencer par Ekaterinenbourg qui n'était déjà plus tant le Musée Grévin de la famille impériale, et s'appelait désormais *Sverdlovsk*, du nom du premier président des Républiques soviétiques, mort en 1919.

Et tenté de rendre ici l'extraordinaire sentiment qui s'était emparé des voyageurs que nous étions de nous trouver dans une sorte de *Far West* à ses débuts, avec le bouillonnement du travail, la bigarrure extraordinaire des gens rencontrés, à l'hôtel même comme dans les rues, le sentiment de se trouver devant un monde nouveau, aux premiers jours de sa création. Je veux dire qu'il aurait fallu suivre les voyageurs en 1932 et non l'histoire de 1895 à Nadiejdinsk à *l'An XV* de la Révolution... Mais aussi pour faire justice des illusions de l'auteur, comme par exemple dans cette *Chanson pour le*

Sovkhoze qui illustre ici la petite ville de Lisva, et dont, avec beaucoup d'insistance mais aussi de précautions, notre sœur Lili avait tenté de me persuader d'élaguer mon manuscrit. Et elle avait bien raison. Car la dernière strophe du poème (qu'on ne peut évidemment enlever seule, les trois précédentes ne faisant que mener à la dernière) était le résultat d'un bourrage de crâne, comme souvent des exaltés ne pouvaient se retenir de le pratiquer quand ils avaient à faire à des étrangers :

Combien vend combien vend
Combien vend-on le pain aux hommes

Neuf kopeks le kilo
Sept kopeks pour la farine
Deux kopeks pour le boulanger

J'avais transcrit ce qu'un brave type m'avait dit sans autrement le vérifier. Et ceci, pour qui vivait là-bas, où encore en 1932 le pain était cher, quand il ne manquait pas, avait un caractère scandaleux de bourrage de crâne. Je m'en suis rendu compte bien plus tard. Et sur l'exemplaire qu'un ami m'avait donné à signer, j'ai alors barré d'une croix toute la page 107 et les cinq vers de la page 108 (dans la pagination de Denoël) et écrit ces quelques mots au-dessous :

« Et dire que je le croyais »

A.

Table

LISVA

NADIEJDINSK

Composition Euronumérique
92120 Montrouge

Achevé d'imprimer en avril 1998
sur presse Cameron
dans les ateliers de
Bussière Camedan Imprimeries
à Saint-Amand-Montrond (Cher)
pour le compte des Éditions Stock
23 rue du Sommerard, 75005 Paris

Imprimé en France

Dépôt légal : avril 1998.
N° d'Édition : 7300. N° d'Impression : 981997/4.
54-02-4951-01/7
ISBN : 2-234-04951-2